L'amour ? C'est mathématique !

À Emmanuelle,
copine de mille aventures.

Merci à Stefano Giordano qui a vérifié
ma théorie mathématique, sachant que moi,
c'est connu… je suis nul en maths.

L'amour ? C'est mathématique !

Davide Cali

sarbacane
depuis 2003

« Un footballeur va tirer un penalty. Combien de chances a-t-il de marquer un but ? » Facile : le ballon peut entrer dans la cage – ou pas. Soit une chance sur deux. Donc, la probabilité de marquer est de 50 %.

J'ai toujours détesté les maths. Comme tout le monde, j'imagine. Qui peut être assez fou pour aimer les maths ? Je veux dire, à part le prof de maths. Pourtant, jamais je n'aurais imaginé qu'un petit problème comme ça allait m'ouvrir les portes d'un univers inconnu et mystérieux. L'univers de l'amour. Parce que la suite du problème, c'était :

« Combien de chances de marquer *au moins un but* a le même footballeur si, au lieu de tirer un seul penalty, il en tire trois ? »

Donc voyons, il peut :

1/ **Marquer** le premier.
Rater le deuxième.
Rater le troisième.

2/ Rater le premier

Marquer le deuxième.

Rater le troisième.

3/ Rater le premier

Rater le deuxième.

Marquer le troisième.

4/ **Marquer** le premier

Marquer le deuxième.

Rater le troisième.

5/ Rater le premier

Marquer le deuxième.

Marquer le troisième.

6/ **Marquer** le premier

Rater le deuxième.

Marquer le troisième.

Il peut aussi **tout rater** (7e possibilité) ou marquer les **trois fois** (8e possibilité).

Donc, il y a 8 possibilités différentes en tout. Dans 7 cas sur 8, le joueur marque au moins un but. 7 chances sur 8 ! Vous vous rendez compte ? C'est-à-dire une probabilité de 87,5 %.

Croyez-le ou pas, mais il y a quelques semaines, ce chiffre a changé le cours de ma vie amoureuse. Mais d'abord, il faut que je vous raconte toute l'histoire depuis le début.

***

Pauline, c'est mon amour depuis toujours. Je l'appelle *ma brunette*, mais elle ne le sait pas. On était ensemble à l'école maternelle et déjà, je la regardais comme si elle avait une lumière autour de la tête. En fait, on est quasiment venus au monde ensemble : on était dans la même chambre à l'hôpital. Comme elle est née trois jours avant moi, elle a toujours été convaincue d'être plus grande que moi. En réalité, on a grandi ensemble. De la fenêtre de ma chambre, je peux voir la sienne. Quand j'étais petit, je la regardais le soir (disons que je « l'espionnais ») pendant qu'elle se brossait les cheveux devant sa glace. Et pour être sincère… ça m'arrive encore aujourd'hui.

J'adore ses cheveux longs. Une fois, elle les a coupés, et j'ai pleuré. Il suffit qu'elle me parle pour que je me sente fondre comme un glaçon.

Julie est arrivée bien plus tard. L'année dernière, seulement. Elle a quitté la Bretagne pour venir s'installer à Paris et je suis tombé fou amoureux d'elle, dès le premier jour.

Blonde, cheveux courts. Fait du taekwondo. Son sourire me paralyse comme un chat la nuit devant les phares d'une voiture.

En fait, c'est de la voir qui me paralyse, même si elle ne me sourit pas.

Et puis est arrivée Melissa. Enfin, à l'entendre, c'est nous qui sommes arrivés dans sa classe, puisqu'elle y était déjà. Comme si tout ça n'était pas déjà assez compliqué.

Melissa est gothique : cheveux noirs, maquillage noir. Tout est noir chez elle. Sauf ses yeux verts. Son regard coupe comme un couteau, il te passe à travers. Le jour de la rentrée, elle m'a tué net.

Vous vous demandez ce que je fais avec ces trois filles ? En vérité ? Pas grand-chose. Aucune d'elles ne sait que je l'aime.

Melissa, je n'oserais jamais lui demander de sortir avec moi. J'aurais même peur de lui demander sa gomme. Et elle ne m'adresse carrément pas la parole.

Julie, impossible aussi. Ce n'est pas parce qu'elle fait du taekwondo, mais à chaque fois que je m'approche à elle, j'ai des frissons, comme si elle allait me fracasser la tête d'un coup de pied tournant. Enfin, elle au moins, elle me parle. La conversation la plus longue qu'on a eue, c'est la fois où elle m'a demandé : « Tu t'appelles comment, déjà ? »

Ça faisait trois mois qu'on était dans la même classe.

Quant à Pauline, tout simplement, je ne peux

pas. Quand on était petits, je m'imaginais qu'on allait vivre ensemble et que j'écrirais à la main nos prénoms sur la porte : Paul et Pauline.

Elle m'a toujours parlé des mecs qui lui plaisaient et moi, je faisais semblant d'être attiré par une autre dans la classe. J'étais là pour son premier baiser. Mais ce n'est pas avec moi qu'elle l'a échangé. C'était avec ce bouffon d'Éric qui après, l'a fait tellement souffrir. J'étais là aussi, quand elle a pleuré.

Mais je ne lui ai jamais rien dit de mes sentiments pour elle.

Je n'y arrive pas, c'est tout. En plus maintenant, avec Julie et Melissa qui me dansent dans la tête, c'est encore plus difficile.

Comment on fait avec les filles ? Je veux dire, il y en a une qui te plaît, tu lui demandes si elle veut sortir avec toi, elle peut répondre *oui* ou *non*.

Une chance sur deux d'avoir une réponse positive. C'est la probabiblité de 50 %. Apparemment, ça ne devrait pas être compliqué.

Mais c'est la peur des 50 % de *non* qui me bloque.

Parce que si le *non* tombe, alors c'est la totale : une fois le non prononcé, c'est *non* à 100 %.

***

J'ai de la chance parce que trois des experts en amour du collège sont dans ma classe.

D'abord, il y a Dylan. À son avis, l'important, c'est de ne pas donner trop d'importance aux filles.

– Parce que tu vois, si tu donnes trop d'importance à une fille, en une semaine tu deviens son esclave, elle te pilote comme une voiture télécommandée. Donc, quand une fille t'intéresse, faut faire semblant qu'elle t'intéresse pas. C'est ça, le secret.

Il faut dire que c'est une drôle d'idée. Ça fait deux ans qu'il la pratique. Le système a donc été longuement expérimenté, mais il n'a pas encore donné de résultats : Dylan n'est jamais sorti avec une fille, à part sa cousine. Même si, d'après lui, il y en a trois ou quatre dans la classe qui sont en train de craquer.

En tout cas, le jour où ça arrivera, ça sera une surprise, parce que pour l'instant, je ne vois pas qui pourrait être concerné dans la classe. Les filles traitent Dylan comme s'il avait la peste bubonique. En fait, pour dire la vérité, elles nous traitent quasiment *tous* comme des malades.

Le deuxième expert, c'est Clément. Selon lui, l'amour c'est comme de plonger d'un tremplin. Quand tu entres dans l'eau, c'est froid, mais la sensation désagréable ne dure qu'une seconde.

– T'as peur qu'elle te dise *non* ? Plonge quand même !

C'est sa formule.

– Si ça se passe mal, le froid de son *non* ne va pas te glacer pour l'éternité.

À bien y réfléchir, Clem a raison. Même si j'ai toujours pensé que demander à une fille de sortir ensemble, c'est plutôt comme de marcher sur le feu. Mais c'est un détail sans importance. Brûlé ou congelé, le résultat revient au même. En tout cas, c'est vrai que ça ne va pas durer longtemps.

Avec Clément, la théorie c'est bien, mais il n'est passé qu'une seule fois à la pratique, l'année dernière. Il a demandé à une fille de sortir avec lui. Il s'attendait – au pire – à une douche froide, mais quand il a plongé du tremplin dans la piscine, il n'y avait même pas d'eau.

Après cette fois-là, il a continué à défendre son théorème, mais il a arrêté les plongeons.

Benjamin, c'est le troisième expert, et il serait mon dernier espoir de trouver une solution, s'il n'était pas complètement idiot. Voilà sa théorie : si les hommes souffrent de chagrins d'amour, c'est parce qu'ils visent des filles trop bien pour eux.

– Donc, pour réussir en amour, il faut choisir une fille moche, une qui t'intéresse même pas. Comme ça, si elle te dit non, tu ne souffriras pas.

Mais si elle dit oui ?

Ça, Benjamin ne l'avait pas prévu. Au début de l'année, il a demandé à Laure de sortir avec lui. Laure est très sympa comme fille mais sincèrement, si on était les deux seuls survivants sur Terre, la race humaine risquerait de s'éteindre si ça ne dépendait que de moi.

En tout cas, Laure a dit oui, et ça fait huit mois qu'ils sortent ensemble.

– Mais comment tu fais ? Elle te plaît même pas ! j'ai demandé à Ben un jour.

Benjamin : 1 – Paul (moi) : 0.

hissant à tout ça que m'est
de maths dont je parlais tout

ses 50 % de chances en jeu
a risqué à 50 % de perdre,
cas d'un *non*, ça ne l'aurait
it souffrir.
lles qui me plaisent. Un seul
d'elles me tuerait et j'ai du
une entre les trois. Donc je
x : je dois leur demander à
de sortir avec moi.
: si je demande à l'une des

trois filles de sortir avec moi, je peux avoir un *oui* (50 %) ou un *non* (50 %). Jusqu'ici, c'est facile.

Je continue. Combien de possibilités d'avoir un *oui* cela fait-il, si au lieu d'une seule fille, je demande *aux trois en même temps* ? Quand j'en suis arrivé à ce stade de la réflexion, un frisson m'a traversé. Wow ! J'ai eu peur de ce que j'avais peut-être découvert. Une formule genre bombe atomique, un truc qui va complètement bouleverser l'histoire de l'humanité.

Souvenez-vous de l'exemple du footballeur et du penalty : c'est la même chose. Si on demande à trois filles en même temps, on peut avoir :

iche. Moi je sors avec une fille et

, mais qu'est-ce que vous faites
Vous n'avez rien en commun !
de des films. Elle a un home ci-
lle.
cord, c'est parce que t'aimes le
tu sors avec elle ?
t parce que pendant qu'on regarde
s'embrasse sur la bouche. Mais tu
e, tu comprendras plus tard.
j'avais vraiment les boules. Ben-
on. Peut-être qu'un jour, je sorti-
is filles en même temps. Mais en
'ai personne.

1/ **Oui** – Non – Non

2/ Non – **Oui** – Non

3/ Non – Non – **Oui**

4/ **Oui** – **Oui** – Non

5/ Non – **Oui** – **Oui**

6/ **Oui** – Non – **Oui**

7/ **Oui** – **Oui** – **Oui**

8/ **Non** – **Non** – **Non**

Donc, avec la triple demande, ça me fait 7 chances sur 8 d'avoir au moins un *oui*. C'est énorme ! Et seulement 1 sur 8 d'échouer totalement.

Incroyable : de 50 % de chances, j'étais passé à 87,5 % de chances, comme le footballeur du début…

Quand j'ai compris ça, je me suis retrouvé inondé de sueur. J'avais découvert la formule de l'amour gagnant presque à coup sûr !

***

J'ai résisté trois jours. Sans rien dire, sans parler à personne de ce que je venais de découvrir. Après j'ai craqué, je ne pouvais plus me retenir, j'avais besoin de partager un secret aussi explosif.

Clément a trouvé tout de suite quelque chose qui ne marchait pas dans mon idée. Et si deux filles te répondent *oui* ?

J'y avais pas pensé. Il faut dire que je suis nul en maths, mais peut-être que vous l'aviez déjà compris.

Reprenons. Il y a 3 chances sur 8 d'avoir deux *oui*.

En fait, pour le footballeur, c'est pas un souci. S'il marque trois buts, tant mieux. Mais pour moi, c'est plus compliqué.

– T'as 37,5 % de chances d'avoir deux *oui*, a expliqué Clément. C'est un peu plus que 1 chance sur 3. Par ailleurs, tu as 1 chance sur 8 d'avoir trois *non*, et la même probabilité d'avoir trois *oui* :12,5 %. Si on fait la somme, 37,5 % + 12,5 % égale 50 % de chances d'avoir de gros problèmes.

Clément a raison. J'écarte le cas malheureux d'avoir trois *oui*, mais même avec deux, ça fait 37,5 % de risques de problèmes. Un chiffre à ne pas sous-estimer.

C'est incroyable comme on peut passer de la victoire à la défaite en un instant.

Et le pire, c'est qu'hier encore, mon problème, c'était de ne sortir avec aucune fille, alors que maintenant, je me retrouve à devoir en gérer deux à la fois.

Du coup, le truc était trop gros pour l'analyser avec Clément seulement. J'ai donc partagé mon idée avec Dylan et Benjamin. C'est là que j'ai connu leur vraie nature. Dylan a commenté tout simplement en disant :

– Une fois que tu en as deux, tu peux toujours en larguer une. T'as des amis, je te rappelle…

Dylan est un pur monogame. Contrairement à Benjamin, qui a pris un bout de papier pour me décrire son plan de bataille.

– Alors, voilà mon idée : tu peux les voir un jour sur deux. Tu passes la recré avec l'une le lundi et le jeudi, et avec l'autre, le mardi et le vendredi. Tu sors avec la première le mercredi après-midi et avec l'autre, le samedi.

– Et le dimanche ?

– Le dimanche, tu le passes avec tes potes, pour tout nous raconter.

– Et dans le cas malheureux où les trois me disent *oui* ?

– Tu peux nous en passer deux, si c'est trop lourd pour toi. Ou bien en voir une à la récré du lundi, une à celle du jeudi et une à celle du vendredi.

– Et ça te laisse la récré du mardi libre.

– Et le week-end ?

– Les sorties de l'après-midi seront un peu

plus compliquées. Mais pourquoi s'en préoccuper maintenant ? Ça va bien se passer ! Tu n'as qu'1 chance sur 8 d'avoir trois *oui*, soit la même probabilité d'avoir trois *non*, ce qui, au passage, ne poserait aucun problème, à part de t'entendre te plaindre tout le temps.

– Alors je fais quoi ?

– Tu poses encore la question ?

Et tous ensemble, ils m'ont crié :

– Vas-y, plonge !

En fait, c'est bête de s'inquiéter d'avoir trop de filles, quand le problème, c'est de ne pas en avoir du tout. C'est un peu comme le mec qui ne mange pas depuis des semaines et qui pense à son cholestérol quand on lui offre un poulet rôti.

Il ne faut pas trop penser au futur, mais au présent. Et question présent, j'ai zéro filles. Donc, c'est décidé. J'y vais.

***

Trois semaines après avoir pris cette importante décision, je n'ai encore rien fait. C'est déjà difficile de plonger (comme dit Clément) une fois. Alors plonger trois fois de suite…

Il faut trouver le bon moment. Et même, en trouver trois, de bons moments, ce qui est encore plus compliqué. Mais j'ai le temps, non ? On n'est qu'en… mai. Mai ? On est déjà en mai ?

C'est dingue comme le temps passe… Moi qui m'étais juré de demander à Pauline de sortir avec moi au plus tard 15 jours après la rentrée. Je voulais bien démarrer l'année. Mais après, j'ai revu Julie et après, Melissa est arrivée. OK. Pas de panique. Il reste 6 semaines avant les vacances. J'ai tout mon temps.

Cette conviction n'a duré que dix minutes. Pourquoi c'est toujours comme ça ? À chaque fois que j'arrive à une conclusion, voilà qu'un événement vient tout envoyer par terre !

J'étais tranquille avec ma décision pendant l'heure de français quand la nouvelle est tombée : le collège va organiser une fête de fin d'année. On va danser, grignoter des trucs dégueus et boire des boissons rigoureusement non alcoolisées.

Je déteste ces fêtes. C'est le grand classique filles-d'un-côté-et-garçons-de-l'autre. Ça fait rire quand on voit ça à la télé dans un film américain, mais le vivre en personne, c'est beaucoup moins drôle. C'est humiliant, le genre de fêtes qui peut vraiment te gâcher tes années d'adolescence. Aux États-Unis, ce sont des fêtes comme ça qui fabriquent la plupart des tueurs en série. C'est prouvé.

Je trouve vraiment trop bête d'importer des trucs pareils. Mais surtout, cette fête change tous mes calculs. Avant, j'étais le seul à viser la conquête de mes trois princesses. Maintenant, tout le monde va vouloir aller à la fête et, évidemment, personne nc voudra y aller tout seul.

J'ai comme l'impression que certains ont même déjà commencé à inviter des filles.

Rien ne va plus.

***

J'ai vu un film à la télé sur des prisonniers de guerre qui avaient fabriqué une radio clandestine. Ils ne pouvaient pas communiquer avec, mais ils captaient des émissions et des messages qui leur permettaient de suivre l'avancée de leur armée.

Dans ma classe, ça marche comme dans ce camp de prisonniers. Si quelque chose arrive à quelqu'un, tout le monde le sait avant la récré.

La fois où Jérôme a encore eu des poux, en une matinée la radio clandestine avait diffusé la nouvelle. Les « services secrets » l'avaient interceptée, on ne sait pas comment, vu que personne ne lui avait parlé depuis la veille.

Quand il est arrivé en classe, il a été accueilli

par la chanson « Jérôme et ses poux » qu'on avait composée un jour que le prof de gym était malade.

C'est pour ça que je dois étudier un plan bien précis pour demander à Pauline, Julie et Melissa de sortir avec moi. Je ne vois pas comment leur faire la proposition à la même seconde. Mais plus de temps passera entre une proposition et l'autre, plus il y aura de risques que l'une sache que je l'ai déjà faite à l'autre. Ce qui gâcherait mon projet. Les filles n'aiment pas jouer les seconds choix. Pire, les troisièmes choix.

En fait, ça ne me plairait pas à moi non plus, ni à personne. Mais comment procéder autrement ? Je ne peux pas choisir !

Je dois trouver un moyen de leur faire ma demande au même moment.

***

Heureusement, les copains sont venus à mon secours. Mais leurs idées ne m'ont pas convaincu. Dylan m'a proposé une… vente aux enchères.

– C'est-à-dire ?

– Tu dis les choses franchement : Voilà, je suis disponible, venez les filles ! La première qui lève le doigt et fait une offre, gagne !

– Gagne quoi ? La possibilité de sortir avec moi ? Tu parles d'un prix !

– Dis donc, si tu es le premier à ne pas y croire, tu n'obtiendras jamais rien.

– Je ne dis pas ça, mais une vente aux enchères… ça me semble un peu prétentieux.

– Moi si tu veux, je pourrais faire un sondage.

C'est Clément qui parle maintenant.

– Un sondage sur quoi ?

– J'écris pour le journal de l'école, donc tout le monde parle avec moi parce que je suis journaliste. Je pourrais faire un sondage pour savoir s'il y a de l'intérêt pour toi.

– Et qu'est-ce que tu vas demander ? « Ça t'intéresserait de sortir avec Paul ? » « Oui, Non, Sans opinion ? »

– Exactement. Je ferai semblant de lancer

le sondage, et je n'interviewerai que les trois filles qui t'intéressent, en oubliant les autres.

– Tant que tu y es, tu pourrais organiser un sondage général, a dit Dylan. On sait jamais, on pourrait avoir des surprises sympas. Et tu pourrais le faire pour moi aussi.

– Non, non et non ! j'ai fait. Laissons tomber le sondage, les gars. Ce n'est pas une bonne idée.

– Mais ça pourrait marcher, a insisté Benjamin. Tu vois, si le résultat du sondage, c'est que tu n'intéresses personne, au moins c'est réglé. Même pas besoin d'essayer.

– Un sondage, c'est seulement indicatif, a dit Clément. Il y a des gens que ça gêne, qui n'aiment pas participer ou qui vont dire le contraire de ce qu'ils pensent parce qu'ils ne veulent pas s'exposer.

– Non, à mon avis, a coupé Benjamin, le mieux, c'est la technique de l'avion.

– L'avion ?

– Oui. Pendant le cours de maths, tu prends ton cahier, tu déchires trois feuilles de papier, tu écris le même message sur chacune, genre « Est-ce que ça te dirait de sortir avec moi ? Raye la mention inutile : OUI – NON ». Après tu fais trois avions de papier et ZOUM, tu les envoies. En cinq minutes, tu as les trois réponses que tu cherches.

– Et tu l'as apprise où, cette technique ? a demandé Dylan.

– C'est pas important.

– Si, c'est important. Il faut savoir si c'est une technique déjà expérimentée ou pas.

– D'accord, je viens juste de l'inventer. Mais j'y vois un gros potentiel !

– Je sais pas… Les avions de papier, c'est pas trop mon truc, j'ai dit.

– T'inquiète, on va te donner un cours express, a encore insisté Benjamin.

– Et si, en lançant, je me trompe et j'envoie l'avion à la mauvaise personne ? Et si je prends trop d'élan et l'avion s'écrase sur la table du prof ?

– Dis donc, t'es un cas désespéré, toi ! a lâché Benjamin.

– La seule manière d'être sûr que rien n'arrive, c'est de ne rien faire, a affirmé Dylan.

– Je suis bien placé pour le savoir, alors. C'est ma spécialité.

– À propos, pourquoi faire les avions pendant le cours de maths ? a demandé Clément.

– Oui, pourquoi ?

– Je sais pas. Moi je fais toujours des avions en papier pendant le cours de maths. Ça me semble un bon moment.

***

Dylan a raison. La seule façon de ne pas prendre de risques, c'est de ne rien faire.

Mais je n'en suis pas là. Je veux bien agir, je cherche juste la bonne manière. Benjamin n'a peut-être pas tort. Je n'ai aucune intention de bricoler des avions de papier. Mais je peux écrire des petit mots, tout simplement, et faire des billets.

La poste du « camp » fonctionne aussi très bien. Si t'as besoin de connaître la solution à un problème ou les réponses d'un test, le courrier papier c'est parfait, sachant que s'envoyer des textos est interdit pendant les cours.

Donc, je vais faire comme ça. J'aurais dû y penser depuis le début, mais tout était tellement confus dans ma tête. C'est la solution la plus pratique.

Je vais même garder l'idée de Benjamin de passer à l'action pendant l'heure de maths. Tout a commencé en maths, ça doit se terminer aussi en maths, non ?

Reste juste à choisir le papier. Je ne sais pas si c'est cool d'utiliser une vraie feuille de cahier. Peut-être que ce serait mieux d'acheter du papier exprès ? Et dans ce cas, de quelle couleur ? Peut-être que je devrais personnaliser un peu les billets ? Il faudrait une couleur pastel pour Pauline et une couleur plus foncée pour Julie.

Pour Melissa, il faut absolument une feuille noire. Donc un stylo qui écrit blanc.

Oh non. Ça recommence. Je n'arrive jamais

à me décider et encore moins, à plonger, comme dirait Clément. J'ai trop peur de m'écraser au fond de la piscine.

Bon, c'est décidé. Une feuille de cahier. Toute simple. Je vais juste déchirer les trois le soir d'avant, parce qu'en classe, ça ferait trop de bruit. Et je vais préparer les messages à la maison. Pour être sûr de ne pas faire de bêtise au dernier moment.

***

Le grand jour est arrivé. Enfin. J'ai passé la soirée à déchirer des feuilles de papier. Heureusement que j'avais un cahier neuf dans un tiroir.

J'ai dû faire au moins cinquante essais avant d'obtenir les trois messages parfaits.

Maintenant je n'ai plus qu'à les confier au service de poste du « camp ».

Dans la matinée, j'aurai mes réponses.

Je peux pas le croire !

Combien de possibilités y a-t-il qu'un pote te vole ta copine ?

Ça, je l'avais pas prévu. Hier, Dylan a demandé à Julie de sortir avec lui. Et ce matin, ils sont arrivés au collège main dans la main et moi, je les regardais la bouche ouverte comme si c'étaient des extraterrestres descendus d'une soucoupe volante.

– Comment t'as pu me faire ça ? je lui ai demandé à la récré.

– Faire quoi ?

– Tu le sais très bien ! J'étais en train de demander à Julie de sortir avec moi ! Tu savais qu'elle me plaisait !

– Oui, depuis le début de l'année tu es en train de lui demander de sortir avec toi. Je n'ai rien fait de mal. Elle pouvait me dire *non*, quand même.

– Et ta théorie de faire semblant que les filles t'intéressent pas ?

– Eh ben tu vois, ça marchait pas. D'ailleurs, même les savants les plus obstinés doivent parfois revoir leurs théories.

Donc maintenant, Dylan est devenu un savant. Et le résultat, c'est que je n'ai plus que Pauline et Melissa. Je dois réfléchir vite. Si je refais le calcul de probabilités, avec deux demandes au lieu de trois, ça donne :

1/ **Oui** – Non

2/ Non – **Oui**

3/ **Oui** – **Oui**

4/ Non – Non.

3 possibilités sur 4 de sortir avec au moins

une fille. Soit 75 %. C'est pas mal quand même. Ça fait 25 % de chances de plus que la demande unique.

Mais comme dit ma grand-mère, un malheur n'arrive jamais seul. La seconde nouveauté du jour, c'est que Melissa a demandé à Benjamin de sortir avec elle. La seule chose que j'ai réussi à dire quand Clément m'a passé la nouvelle, c'est :

– QUOI ?!

Une fille qui demande à un garçon de sortir avec elle ? Ça, c'est vraiment nouveau. Si même les filles demandent aux garçons de sortir avec elles, je peux mettre mes calculs à la poubelle. Ça change complètement la donne.

– Benjamin a dit *non*, au moins ? j'ai demandé à Clem.

– Tu rigoles ? Il a dit *oui*.

– Mais… il sort déjà avec Laure !

– Non, il vient juste de la quitter. T'as pas vu qu'elle pleure depuis ce matin ?

Je ne peux vraiment pas le croire. En une matinée, deux de mes meilleurs potes sur trois m'ont volé deux de mes copines possibles.

Et maintenant, Dylan marche dans le couloir avec Julie accrochée à lui comme un singe à son arbre. Et Benjamin marche collé à Melissa comme une huître à son rocher – même si dans le cas de Benjamin, on dirait plutôt une moule.

À ce propos, juste avant de rentrer en classe après la récré, la moule s'est approchée pour me parler.

– Je voulais te dire, avant que tu penses que je t'ai trahi, que c'est Melissa qui m'a demandé de sortir avec elle.

– Je sais, mais tu pouvais dire *Non merci*, sachant que : 1) Melissa me plaisait à moi 2) Toi, tu sortais déjà avec Laure. Tu n'adorais pas regarder des films chez elle ?

– Si, mais on avait fini tous les DVD. Et puis Melissa me plaît un peu plus que Laure.

– Tu m'étonnes, Melissa, elle est super belle ! Et c'était pas toi qui disais qu'il faut viser bas avec les filles ?

– Si, quand c'est toi qui demandes, la règle reste valide. Mais si c'est la fille qui demande, alors je veux bien sortir avec une qui me plaît. Bref, j'ai pris une fille, j'en ai quitté une autre. L'équilibre est respecté.

L'équilibre ? Qu'est-ce que c'est ? On est dans un élevage de truites ?

Je n'y comprends plus rien. Mon système était presque parfait, il me suffisait juste de quelques jours encore pour trouver le courage de me lancer et maintenant, tout est fini.

Ils ne m'ont laissé que Pauline.

C'est vrai qu'elle est ma préférée depuis toujours, mais tout à coup, je n'ai plus que 50 %

de chances de réussite. Comme au jeu du millionnaire, quand tu es arrivé à la dernière question : tu ne connais pas la réponse et il ne te reste qu'un joker. 50/50.

Tu peux tout gagner ou tout perdre.

Enfin, pas tout à fait. Si tu perds, tu ne perds pas tout, seulement un tas d'argent. Mais tu peux en garder quand même un certain montant. Et tu as aussi une autre possibilité. Te retirer du jeu. Et ainsi garder l'argent gagné jusque là. Même si c'est fou de se retirer à la dernière question.

Et moi alors, qu'est-ce que je vais faire ?

Je vais me retirer par peur de tout perdre ?

Non ! Non ! Non !

C'est décidé. Sérieusement, cette fois. Je vais jouer à 50/50. Et je vais le faire aujourd'hui. Avant que Clément retrouve son envie de plonger. On ne sait jamais.

***

À la sortie, curieusement, Pauline s'éloigne toute seule. D'habitude, il y a toujours Amandine et Clara avec elle. Pauline rentre par le même chemin que moi. Mais il y a longtemps qu'on ne l'a pas pris ensemble.

C'est elle qui tourne la tête et me voit.

– T'es tout seul aujourd'hui ? Ils sont passés où, tes potes ?

– Clément, je sais pas. Dylan est parti avec Julie et Benjamin avec Melissa.

– Deux beaux couples, hein ?

– Je ne sais pas.

– T'es jaloux ?

– Qui ? Moi ? Pourquoi ?

– Peut-être que Julie te plaisait ? Ou Melissa ?

– Nooon… Elles sont pas trop mon genre.

– Et c'est comment déjà, ton genre ?

Je me sens fondre comme si j'avais un volcan dans l'estomac. J'ai l'impression que ma tête a pris feu, genre la Torche des 4 Fantastiques, et surtout, que ça se voit. Je dois être rouge comme un poivron au four.

Combien de temps me faut-il pour répondre ?

Environ trois ou quatre millions d'années. Mais elle me regarde et sourit.

– Alors ? Tu n'as pas un genre qui te plaît ?

– Euh… Sssssi… j'arrive à bégayer.

– Et c'est quoi, ton genre ?

Silence.

J'ai des bourdonnements d'oreille. Comme si une ruche d'abeilles folles me tournait dans la tête. Dans le ventre, je sens une rivière de lave incandescente. Ça brûle. C'est le moment de plonger, mais si ça brûle maintenant, je ne peux même pas imaginer comment ça va brûler *après*, si elle dit *non*.

– C'est un peu comme toi, j'entends dire ma voix.

J'ai vraiment dit ça ? Je n'en suis pas sûr, jusqu'à ce qu'elle réponde :

– Seulement un peu ?

– N-non… je veux dire… c'est exactement comme toi.

On continue à marcher sans parler. Il y a un étrange silence autour de nous. Enfin, à l'extérieur de moi, parce que à l'intérieur, les cigales vrombissent à pleine puissance. Il y a tant de choses que je voudrais lui dire, à Pauline. Je voudrais lui dire que toute cette histoire de messages multiples, c'était une idée stupide que personne d'autre que moi n'aurait pu avoir. Que je rêve qu'elle m'embrasse depuis l'âge de 4 ans. Ce qui fait 8 ans d'attente. Je crois que même Pénélope n'a pas attendu le retour d'Ulysse aussi longtemps. Et je voudrais lui dire que ce matin, l'air sent bon l'été et que je suis content de partager ça avec elle – et un tas d'autres bêtises, mais je n'arrive même pas à ouvrir la bouche pour respirer.

Elle reste silencieuse. Elle marche juste à côté de moi. Depuis combien de temps on marche ? Une ère glaciaire entière.

Tout à l'heure, avant de sortir du collège, j'étais plus décidé. J'étais parti pour jouer mon 50/50, sûr. Mais maintenant, c'est impossible.

Nous voilà je ne sais pas comment au coin de la rue où on habite tous les deux. Et le bus ? Normalement, on prend le bus. On a marché jusqu'ici ?

Il manque juste 50 mètres avant de se dire *à demain* et moi, j'ai arrêté de parler depuis quelques kilomètres. J'ai hâte d'arriver, de lui dire à demain, et de courir me cacher chez moi comme un idiot.

Soudain, je sens quelque chose de chaud et doux. C'est sa main dans la mienne.

C'est moi qui ai lui pris la main ou bien elle ?

Je la regarde et elle me sourit.

On est arrivés devant chez elle. Elle me lâche la main pour ouvrir le portail. Et puis, juste avant de disparaître, elle m'embrasse.

Je veux dire, sur la bouche. Pour de vrai.

– Tu m'appelles cet après-midi ? elle dit, après.

– O-oui, j'entends encore ma voix répondre.

Je me réfugie chez moi. Les cigales n'arrêtent pas de carillonner dans ma tête. Qu'est-ce que ça veut dire ? D'un seul coup, toutes les maths, tous les calculs, toutes les stratégies me semblent à des milliers d'années-lumière et je sens la lave du volcan qui a explosé dans mon estomac remonter jusqu'à ma poitrine, et ça brûle. Fort.

Mais c'est une brûlure agréable.

Très agréable.

Chez le même éditeur :

Christine Beigel

VENDEUR DE RÊVES

Quand la prof demande à Marcus devant tout le monde, y compris Marilou et son sourire ravageur, la profession de son père, il invente un gros mensonge : pilote de ligne ! Impossible d'avouer que son père est en réalité chômeur et traîne depuis des mois devant la télé... Seul petit pépin : du coup, la prof lui demande de l'inviter à venir parler en classe de son métier. Marcus va devoir naviguer serré...

6,00 € • ISBN : 978-2-84865-457-7

Marcus Malte

APPELLE-MOI CHARLIE

Elias, 13 ans, est en rupture avec sa mère. Sur une énième dispute, il claque la porte de leur chalet de location et se perd en pleine tempête de neige... où il entend soudain une voix sortie de nulle part s'adresser à lui. Peur, incrédulité... La conversation s'engage pourtant avec un certain Charlie, qui va lui ouvrir les portes d'un monde insoupçonné. Car à 13 ans, on peut tout imaginer. Tout.

6,00 € • ISBN : 978-2-84865-462-1

Chez le même éditeur :

Agnès de Lestrade

LA SÉLECTION DU PRINCE CHARMANT

« Moi, la fille qui fuit l'amour, je suis tombée dedans la tête la première. Paf, d'un coup, comme ça. »
C'est Gersande, 14 ans, qui parle, petite sœur de Margotte, plongée dans le coma. Gersande qui s'est mis en tête de dénicher pour sa « sœur au bois dormant » un vrai prince charmant, dont le baiser la ramènera à la vie. Sauf que cette quête va entraîner la cadette plus loin que prévu...

6,00 € • ISBN : 978-2-84865-525-3

Benoît Broyart

MAGIE NOIRE

Comme Maldoror, son modèle sombre et sauvage, Adrien est amoureux de la nuit. Il est aussi amoureux de Marion, sa voisine d'en face, qui partage son goût pour « la folie et les précipices ». Un soir de coupure d'électricité, postés chacun derrière une bougie, ils se donnent rendez-vous pour sombrer lentement dans le noir, les yeux dans les yeux, tandis que se consument les mèches...

6,00 € • ISBN : 978-2-84865-453-9

Collection dirigée par Emmanuelle Beulque

www.editions-sarbacane.com
facebook.com/fanpage.editions.sarbacane

Loi n° 49-956 du 16 juillet 1949 sur les publications destinées à la jeunesse.

Dépôt légal : 1er semestre 2013. - ISBN : 978-2-84865-612-0- Imprimé en Bulgarie.